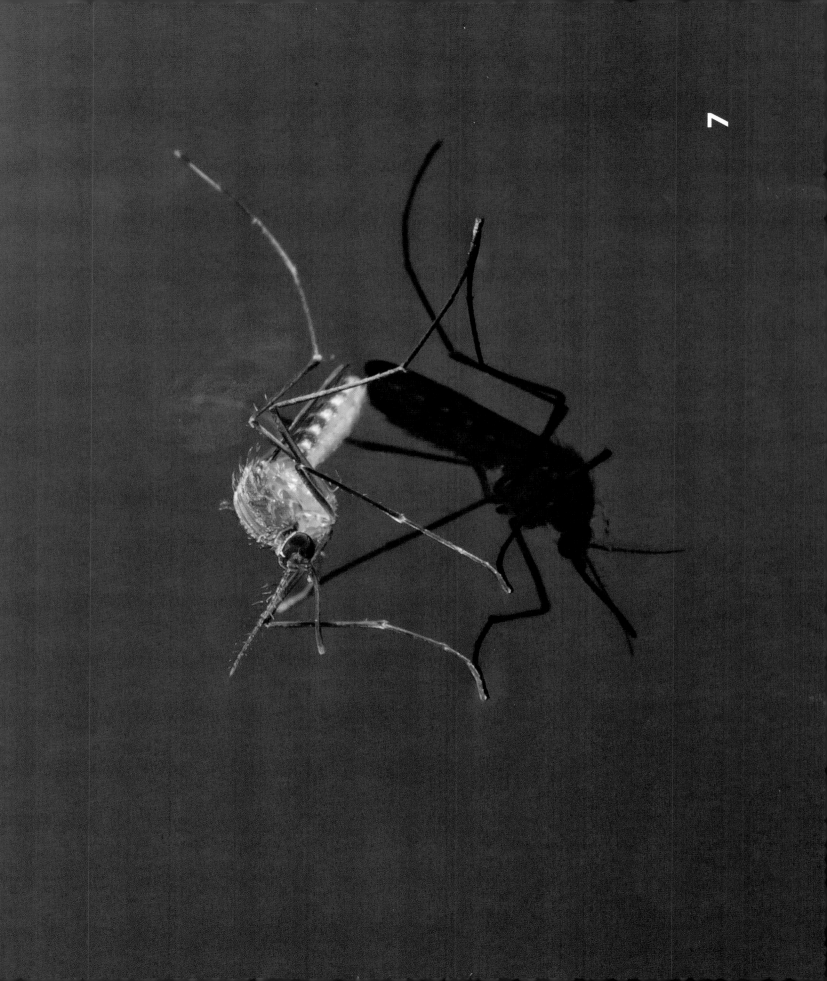

Alimentación

Los mosquitos toman

néctar y savia de las plantas.

16

D1518766

Mosquitos

Grace Hansen

ABDO
INSECTOS
Kids

www.abdopublishing.com

Published by Abdo Kids, a division of ABDO, P.O. Box 398166, Minneapolis, Minnesota 55439.

Copyright © 2015 by Abdo Consulting Group, Inc. International copyrights reserved in all countries.
No part of this book may be reproduced in any form without written permission from the publisher.

Printed in the United States of America, North Mankato, Minnesota.

072014

092014

THIS BOOK CONTAINS
RECYCLED MATERIALS

Spanish Translators: Maria Reyes-Wrede, Maria Puchol

Photo Credits: Shutterstock, Thinkstock

Production Contributors: Teddy Borth, Jennie Forsberg, Grace Hansen

Design Contributors: Candice Keimig, Laura Rask, Dorothy Toth

Library of Congress Control Number: 2014938851

Cataloging-in-Publication Data

Hansen, Grace.

[Mosquitoes. Spanish]

Mosquitos / Grace Hansen.

p. cm. -- (Insectos)

ISBN 978-1-62970-335-0 (lib. bdg.)

Includes bibliographical references and index.

1. Mosquitoes--Juvenile literature. 2. Spanish language materials--Juvenile literature. I. Title.

595.77--dc23

2014938851

Contenido

Mosquitos

Los mosquitos son insectos.

Las hormigas, las abejas

y los escarabajos también

son insectos.

5

Hay mosquitos en casi todos los lugares de la Tierra. Se los ve **frecuentemente** cerca de lagos o estanques.

6

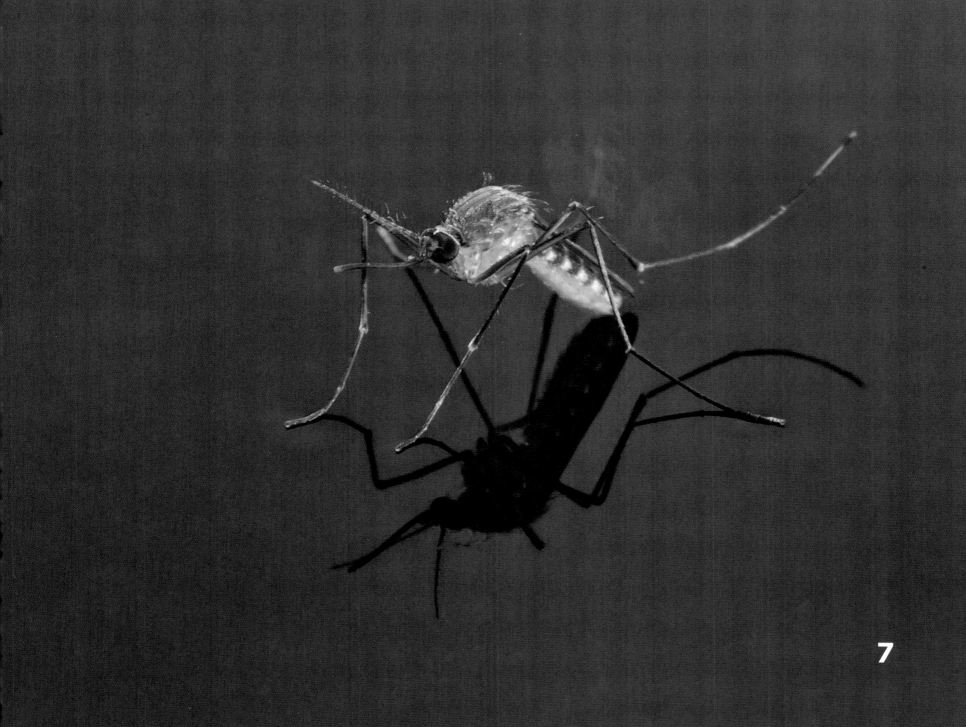

7

Casi todos los mosquitos
son blancos, grises o de
color café. Algunos tienen
colores brillantes.

8

9

El cuerpo de un mosquito tiene tres partes principales. La cabeza, el **tórax** y el **abdomen**.

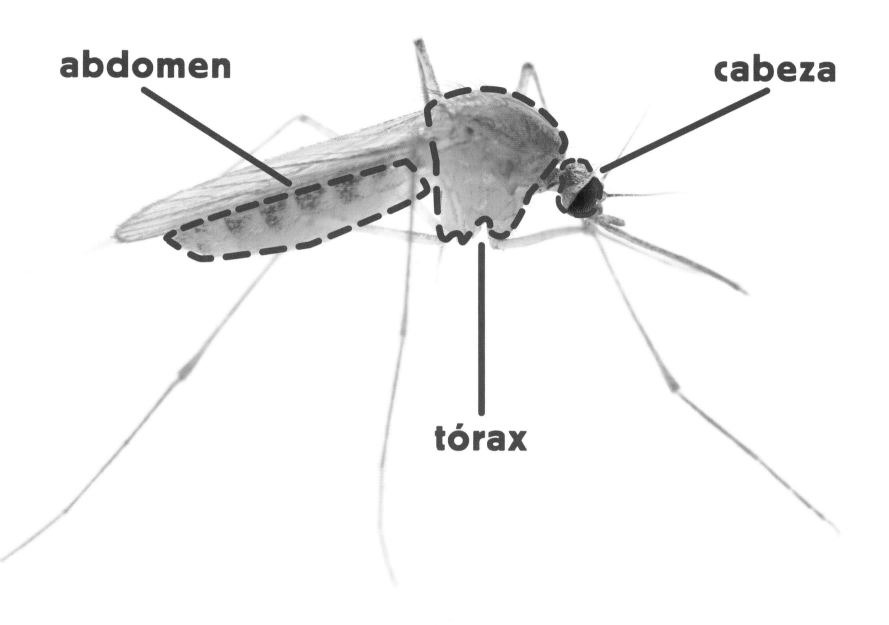

abdomen

cabeza

tórax

11

Los mosquitos tienen seis
patas y dos alas. Tienen
dos ojos y dos antenas.

13

Los mosquitos tienen una

pieza bucal especial.

Parece un popote.

15

Alimentación

Los mosquitos toman

néctar y savia de las plantas.

16

Sólo las hembras pican y chupan sangre. Pican a las personas y a otros animales.

19

Los mosquitos ayudan al medio ambiente

Los mosquitos son importantes.

Son alimento para muchos otros

insectos y animales.

20

21

Más datos

- ¡Las alas de un mosquito pueden moverse 1,000 veces por segundo! ¡Eso hace el zumbido que oímos cuando están cerca!

- Hay más de 3,000 especies de mosquitos en todo el mundo.

- En portugués la palabra mosquito significa "mosca pequeña".

Glosario

abdomen – parte trasera del cuerpo de un insecto.

frecuentemente – muchas veces, normalmente.

néctar – jugo azucarado que hacen las plantas.

pieza bucal – órgano con forma de boca que puede agarrar, morder y succionar.

tórax – la parte del medio del cuerpo de un insecto.

Índice

abdokids.com

¡Usa este código para entrar a abdokids.com y tener acceso a juegos, arte, videos y mucho más!

Código Abdo Kids:
IMK0410

24